L⁹K. 21

LETTRE

A
M. LINGUET,

OU
RÉPONSE

Au N°. LIV de ses Annales.

*Par M***. Américain.*

1780.

LETTRE

A

M. LINGUET,

OU

RÉPONSE

Au N°. LIV de ses Annales,

Monsieur;

Votre sensibilité personnelle vous a mis trop de fois la plume à la main, pour que vous puissiez me savoir mauvais gré de laisser, en ce moment, guider la mienne par ma sensibilité patriotique.

A ij

Vous avez confacré votre dernier Numéro du mois de décembre, à une difcuffion que j'avais d'abord regardée comme un de ces rêves politiques dont un Journalifte eft obligé d'occuper quelquefois fes Lecteurs, dans fes inftans de difette où fa feuille n'étant pas alimentée par des faits, ne leur préfenterait qu'un fquélette décharné, fans la draperie volumineufe dont il a foin de la revêtir alors, & qui n'eft fouvent qu'un tiffu de lambeaux defaffortis & rapetaffés le plus adroitement poffible, mais que le Public a bientôt apréciés à leur jufte valeur, & dont il ne fe fouvient que jufqu'à la feuille fubféquente.

J'étais donc très-décidé à laiffer tranquillement s'abîmer dans l'oubli la propofition que vous venez de faire à l'Europe d'abandonner toutes fes Colonies, bien fûr que vous ne perfuaderiez, ni même n'aviez prétendu perfuader aucune des trois Puiffances que vous exhortez principalement à l'exécution d'un Plan fingulier qui n'a peut-être eu d'autre attrait pour vousmême qu'un air paradoxal & nouveau.

Mais je me fuis apperçu que l'opinion que vous avez développée pouvait renfermer une forte de danger, en ce qu'elle tenait à une autre qui a long-tems circulé en France parmi quelques têtes miniftérielles, & qui a été autrefois proposée assez sérieusement à des personnes alors en état de la réaliser : je veux dire la cession des Colonies Françaises à une autre Puissance, & la restriction du commerce de la Métropole aux denrées de son crû & aux marchandises de ses manufactures, que les autres Nations feraient venu chercher chez elle.

Les partisans de ce système éxistent encore en assez grand nombre : ils ont regardé comme un article de foi le second des neuf paragraphes dont vous avez escorté votre proposition : & même en rejettant l'afranchissement général de toutes les Colonies comme impraticable, ils n'en adoptent pas moins cette section où vous prétendez que les Colonies sont à charge aux propriétaires.

Les suites préjudiciables que pourrait un jour entraîner cette idée, si elle s'accréditait, m'ont déterminé à la combattre ; & lorsque j'ai eu gagné cet effort sur ma paresse, il ne m'en a guères plus coûté de me décider à l'examen de toutes les propositions qui suivent & précèdent celle-là. Je vais donc entreprendre de vous prouver, à vous-même, Monsieur, combien votre rêve politique contient de notions fausses, de vices de raisonnement, & d'erreurs de faits.

Afin d'éviter tout reproche, je vais suivre la marche de vos idées dans l'ordre où vous les

avez préfentées. C'eft un point dont on ne devrait pas s'écarter, lorfqu'on eft dans la mal-
heureufe néceffité de s'élever contre la manière
de penfer d'un Ecrivain. Par ce moyen il ne
peut fe plaindre qu'en déplaçant fon texte on en
ait malicieufement contourné le fens : petite
chicane affez ufitée qui fait toujours gagner du
tems, & donne au moins une reffource à ceux
qui font trop vivement preffés : vous le favez,
Monfieur.

Si je n'avais confiance dans la vérité des principes diamétralement opofés aux vôtres que je
vais configner ici, je défefpérerais de pouvoir
fortir victorieux d'une difcuffion où j'aurais à
fuivre toutes les finuofités d'un efprit accoutumé depuis long-tems à préfenter des formes
d'autant plus féduifantes, & des furfaces plus
artiftement travaillées, fuivant que le fonds de
la caufe qu'il foutient eft plus vicieux : d'un
efprit ardent, qui, bien loin de fe laiffer arrêter
par une fauffe conféquence, n'en fait qu'un
effort plus vigoureux pour franchir l'obftacle
qu'il ne faurait fe diffimuler, mais qu'il cherche
feulement à ne pas laiffer appercevoir à ceux
qu'il veut féduire.

J'ai encore un autre motif qui m'encourage
& me raffure. Je fuis convaincu avant de vouloir convaincre : je fuis perfuadé, & j'écris.

L'efprit a fon éloquence, & celle-là vous apartient, fans douté; mais le cœur a la fienne
auffi. D'ailleurs, ce ne fera pas le feul élan de
mon imagination qui me tranfportera comme
vous, au milieu des objets dont je vais m'en-
tretenir: j'ai vu & j'ai long-tems réfléchi fur
les lieux; cet avantage-là vaut les autres. Com-
mençons.

J'APERÇOIS d'abord une diftinction que vous
avez voulu mettre entre les coups de canon
tirés fur la terre-ferme en Europe, & ceux tirés
fur mer. Vous trouvez les premiers bien plus
raifonnables, bien plus excufables du moins,
parce que, dites-vous, « ce font des provinces
» que l'on s'envie, c'eft pour s'affurer l'homage
» *lucratif* des peuples que l'on fe *tiraille*; au lieu
» que dans les guerres de commerce ce font
» des marchands de poivre, de canelle, de fu-
» cre, qui verfent le fang par torrens, ce qui
» eft le comble du ridicule, de l'atrocité, de
» l'injuftice..... On eft tout furpris d'avoir
» admiré des exploits qui aboutiffent définitive-
» ment à une vilaine petite fupériorité mer-
» cantile ».

Pardonnez, Monfieur, mais tout cela ne m'a
que médiocrement féduit. Je n'ai pas été non
plus infiniment touché en lifant que les Rois

étaient des détailleurs avides qui se conteftent à coups de canon le droit de mieux garnir leurs boutiques & de rançonner plus lucrativement les chalans.

Tout cela ne m'a fait qu'une légère impreffion, & j'ai toujours perfifté à croire que lorfque les Rois de l'Europe fe battaient, ou pour me fervir de votre expreffion éloquente, fe tiraillaient pour un pays où l'on récolte du vin ou du bled, ils pouvaient bien fe tirailler auffi pour celui où l'on récolte du fucre & du café, fauf que l'un fût plus aviliffant que l'autre.

Vous-même en ajoutant l'épithète de *lucratif* à l'homage des peuples dont vous parlez, vous anéantiffez votre diftinction des deux guerres, parce qu'en admettant que la province que vous confentez qu'on fe difpute en Europe, eft lucrative, c'eft fupofer qu'elle produit des denrées & a des branches d'induftrie qu'on peut s'aproprier. Or, fi l'on fe difpute actuellement la Grenade, c'eft parce que cette Colonie produit des denrées que l'on veut vendre à ceux qui n'en ont pas de femblables : & fi l'on s'eft battu pour la Guienne, c'eft parce qu'elle produifait du vin & des bleds que l'on pouvait vendre à ceux qui n'en avaient pas. Cela revient au même. L'intérêt fut, eft & fera le mobile de tout. Tout eft commerce au fond, quelque nom qu'il emprunte. L'échange des befoins & des fuperfluités, foit entre voifins, foit à trois mille lieues, eft le lien qui embraffe l'Univers, & j'ai fouri en voyant combien vous vous tourmentiez à raffembler des dénominations injurieufes pour qualifier des guerres qui ont toutes les mêmes motifs, excepté celle de Troie, que vous n'avez citée, fans doute, que pour nous accoutumer à vous voir mêler les fables à la vérité.

Après vous être éxalté fur les caractères de la *fièvre*, vous cherchez un *quinquina* capable de la chaffer & de la prévenir. Par parenthèfe, admirez, je vous prie, comme j'aime à orner mon ftyle de vos expreffions figurées! Les guerres de commerce, une fièvre tierce ou quarte! & l'afranchiffement des Colonies en eft le quinquina! Comme cela eft bien trouvé!

C'eft que ce garçon-là ne dit rien comme un autre!

MÉTROM.

Mais laiffons-là les expreffions dont, comme vous voyez, je fens cependant à merveille tout le mérite, & paffons à la chofe même. Vous dites qu'avant d'examiner la propofition de l'afranchiffement des Colonies, il faut que vous prouviez *que fi l'on n'avait pas de Colonie la rivalité du commerce n'engendrerait point de guerres*,

& c'eſt le ſujet de votre premier paragraphe.

Et moi avant que de l'analyſer, je vous répondrai que cette propoſition, même prouvée, ne ferait pas plus pour démontrer la néceſſité de l'afranchiſſement général, que Calchas (excuſez, mais c'eſt vous qui m'avez mis ſur la voie) n'eût fait pour le célibat de route la Grèce, s'il s'étáit aviſé de dire aux Grecs de ne ſe point marier, parce que ſi Ménélas n'avait point eu de femme, il n'y aurait point eu de guerre à cauſe d'elle. Voyez combien ce raiſonnement ferait perſuaſif ! On aurait ri de Calchas qui, dit-on, ne prêchait pas d'éxemple ; & on eſt ſurpris que M. Linguet, un des plus forts dialecticiens du ſiècle, s'abuſe ou s'amuſe au point de nous débiter avec un certain appareil de ſemblables maximes.

§. I.

Que c'eſt la propriété des Colonies qui donne lieu aux guerres maritimes modernes.

Vous commencez par déclarer que vous ne parlez que des Colonies de l'Amérique : tant mieux, Monſieur, je ne connais que celles-là ; & faiblement enhardi, même par l'éxemple des autres, je crains toujours de parler de ce que je ne connais que ſuperficiellement.

Je vous abandonne donc d'abord tout l'article où vous caractérisez assez plaisamment les comptoirs Asiatiques. Mais soufrez que je vous arrête lorsque vous dites que de simples comptoirs où l'on ne fait qu'un commerce d'échange, n'entraînent pas autant d'aigreurdans les concurrences & n'inspirent pas un desir si violent de la supériorité.

Cette proposition & tous les raisonnemens que vous entassez à l'apui, tombent devant un fait dont je prends à témoin tous ceux qui, pendant leurs voyages en Angleterre, ont voulu s'instruire des intérêts de commerce de cette nation. Celui des Indes est depuis long-tems son premier & son plus important objet ; celui dont elle est le plus jalouse ; celui qui l'enrichit davantage, & qui certainement l'aurait entraînée dans une guerre aussi vive que la présente & la dernière, si la France avait tourné vers ces contrées les efforts de son industrie. Mais, possessrice des meilleures & des plus considérables Isles de l'Amérique, il était naturel que leur exploitation fût préférée par elle. Leur commerce présentait à ses Négocians des spéculations plus souvent réalisées, & ne nécessitait que des voyages plus courts & plus analogues à la vivacité, à l'impatience de jouir, caractères dominans des Français. De sorte que l'on peut assurer que, quelles que soient, à l'avenir, nos possessions dans les Indes, nous n'y aurons jamais un grand commerce permanent.

L'empreſſement que l'Angleterre a mis à deux époques différentes , pour s'emparer de nos comptoirs dans ces régions éloignées, ne prouve encore que trop combien votre diſtinction de guerre pour comptoirs, ou pour Colonies dont le ſol eſt à nous, guerre pour vente ou pour re- vente , ſuivant vos expreſſions , eſt ſubtile & peu juſte.

Vous aurez toujours des guerres tant que vous aurez des poſſeſſions à défendre : ſi ce n'était pas pour l'Amérique , ce ſerait pour l'Aſie ou l'Afrique ; & ſi vous vous étiez pru- demment retiré de ces climats, ce ſerait pour la navigation de la Méditerranée , de la Mer- Noire , ou de la Manche.

Vous dites, Monſieur, que les Princes veu- lent percevoir de gros droits ſur ce qui vient des Colonies & ſur ce qui y va. Vous êtes mal informé quant à ce dernier point. Le Roi de France ne fait payer aucuns droits aux mar- chandiſes qui vont aux Iſles. Vous pouvez ache- ter dans le centre de ſon royaume tous les objets que vous voudrez, en les déclarant deſti- nés pour les Colonies, ils paſſeront à travers les barrières & les douanes ſans rien payer. Ils arriveront juſqu'au conſommateur d'Amérique ,

feront débarqués fur le rivage de la mer, &
tranfportés dans les magafins fans avoir été
rançonnés, ni même vifités par aucun commis,
fans avoir fubi taxe ou impôt quelconque ; tout
le monde le fait, j'ai honte de le dire, mais
j'ai encore plus honte que vous l'ayez oublié.

§. I I.

Que les Colonies font à charge aux Nations propriétaires.

Il femble que pour prouver une affertion
auffi importante, il aurait fallu autre chofe
qu'une comparaifon & des phrafes de rhétori-
que. C'eft cependant, Monfieur, tout ce qu'il
vous a plu d'employer dans ce paragraphe que
vous terminez enfuite auffi fièrement, que fi
vous y aviez préfenté à chaque Nation les calculs éxacts des bénéfices & des charges de fes
Colonies, & que la balance tenue d'une main
impartiale eût penché du côté de celles-ci. C'eft
alors feulement qu'aurait pu être placé ce ton
fententieux avec lequel vous dites en finiffant
cet article d'une manière auffi tranchante, mais
auffi peu probante que vous l'avez commencé ;
pour un politique, cette propriété des Ifles eft un
malheur ; aux yeux d'un moralifte, c'eft un fléau.

Pour moi, qui n'aime guères les comparai-
fons, parce qu'il en eft peu de juftes, & qui

bien loin d'avoir des expreſſions ſurabondantes pour dire ce que je ne penſe pas, n'en trouve ſouvent pas aſſez pour dire ce que je penſe; je vous aſſure donc tout ſimplement, que les Colonies, au lieu d'être à charge aux Nations propriétaires, comme vous le prétendez, leur ſont au contraire d'un avantage inapréciable, & pour le prouver, je vais entrer dans un petit détail moins bien tourné que vos phraſes, mais plus convainquant.

Saint-Domingue étant la plus eſſentielle des poſſeſſions de la France, jettons un coup-d'œil de préférence ſur elle; examinons ſon produit, ſes dépenſes, & celles auxquelles elle aſſujettit la Métropole.

Il paraît depuis peu de nouvelles Conſidérations ſur cette Colonie, qui donnent un état authentique de ſes productions, conſommations & impôts, pendant les années 1776 & 1777. On y voit que dans le cours de cette dernière année le commerce de France en exporta pour plus de 103 millions de denrées, & y verſa pour plus de 74 millions de productions & marchandiſes d'Europe, y compris environ 18 mille têtes de négres achetés en Afrique avec les denrées de la Métropole.

L'octroi prélevé ſur les denrées de la Colonie au moment de leur extraction, & quelques

autres droits domaniaux, font environ fept millions par an, qui font employés à l'entretien
des troupes & de l'admiftration civile & mili-
taire, aux hôpitaux, fortifications, & autres objets tous relatifs à la Colonie.

Raifonnons d'après ce tableau. C'eft une manière d'argumenter qui me paraît plus directe
que la ferme, ou le manouvrier de Champagne
dont vous vous êtes fervi pour prouver votre
propofition.

Je vois d'abord dans l'exportation, en en
fuppofant la moitié pour la confommation in-
térieure du royaume, plus de cinquante millions que la Métropole tire de l'Etranger chaque
année, pour le prix des denrées qu'elle lui vend
& qui le rendent fon tributaire affuré.

Je vois enfuite dans la branche de l'importation, des quantités immenfes de marchandifes
fabriquées dans les atteliers de la Métropole, de
denrées récoltées dans fon fein qui, fans la Colonie qui les confomme, feraient reftées non
fabriquées ou invendues; & combien d'Êtres,
habitans des terres de cette Métropole, qui ne
doivent leur exiftence qu'à cette confommation !

Ce manouvrier de Champagne à qui, felon
vous, on arrache le pain de fa famille pour
payer le fubfide avec lequel on arme la flotte

qui protégera Saint-Domingue, a lui-même participé à l'avantage que sa patrie retire de ses Colonies. Il est payé plus cher par le propriétaire du champ qu'il a moissonné, parce que le proprétaire lui - même a vendu plus cher son blé au fabriquant de bas ou de chapeaux qu'on aporte à Saint-Domingue.

Les provinces centrales du royaume ressentent, certainement, d'une manière moins marquée que les maritimes, l'avantage d'avoir des Colonies; mais ces possessions éloignées font néanmoins parvenir jusqu'à elles quelques - uns des rameaux d'industrie qu'elles animent. En ouvrant des débouchés nouveaux aux matières mises en œuvre, la quantité des matières premières augmente bientôt en raison. Si l'on consomme plus de toile sous la zone torride, on sémera plus de chanvre & de lin sous la zone tempérée. Voilà donc plus de cultivateurs au sein même de la Métropole.

Et vous dites cependant que les Souverains ne retirent rien de leurs Colonies! Mais ont-ils un plus bel avantage à prétendre que celui d'employer lucrativement des millions de bras, d'en augmenter le nombre, & de préparer à l'industrie de leurs sujets de nouveaux moyens de l'occuper?

Avouez, Monsieur, que cette immensité de

productions

productions & de consommations de la seule Colonie de Saint-Domingue, fait un furieux tort à la proposition que vous avez avancée , sur-tout si vous songez que l'article des productions valant cent trois millions sur le sol qui les a créées , doit peut-être soufrir un renflement de moitié , par toutes les classes intermédiaires pla-cées entre le premier vendeur & le dernier acheteur , lesquelles auront su vivre des frais & des spéculations que ces denrées auront oc-casionnées jusqu'à ce qu'elles soient parvenues à celui qui doit les consommer.

Voilà , Monsieur , ce que j'avais à mettre à l'article des bénéfices , venons maintenant aux charges.

C'est une opinion reçue au Ministère , qu'en tems de paix , Saint-Domingue doit , par son octroi & ses autres droits , fournir à toutes les dépenses de son administration ; ainsi vous aurez la bonté de me permettre de poser zéro pour cet article.

Reste donc la guerre dont , selon vous , la défense des Colonies est l'objet. *Les milliards dont la France & l'Angleterre sont endettées , ne se sont écoulés que par cette plaie-là , &c.*

Mais la guerre que ces deux Puissances se font pour leurs Colonies , si elles ne les avaient pas , elles se la feraient pour la Saintonge ou le Poi-

B

tou. Ouvrez l'hiftoire, c'eft-là mon témoin &
mon juge. Avant que les Colonies fuffent dé-
couvertes, la France & l'Angleterre fe portaient
des coups auffi fréquens & plus dangereux à
leur conftitution.

Les Nations voifines & rivales en grandeur,
font toujours occupées à s'obferver, ou fe combattre. La prépondérance de l'une ou de l'autre
ne fe perd que pour fe recouvrer, ne fe rétablit
que pour fe reperdre. Telle eft l'effence des Em-
pires. N'en accufez pas les Colonies : elles font
à préfent le prétexte des guerres, mais la véritable caufe eft dans la pofition refpective & la
force réciproque des Etats.

Mais fuppofons un inftant effectuée la renon-
ciation générale aux Colonies que vous propo-
fez ; les Rois de France, d'Angleterre & d'Ef-
pagne fe feront la guerre pour Gibraltar, &
Mahon, ou telle autre poffeffion territoriale
d'Europe, Dunkerque ou Bordeaux, par exemple. Alors, comment trouverait-on un homme
qui, s'infinuant jufques dans le Confeil du Mo-
narque Français, irait, fon papier bleu à la
main, lui propofer, en grand politique, d'a-
bandonner Bordeaux, parce qu'il aurait remar-
qué que fi la France ne comptait pas Bordeaux
au nombre de fes poffeffions, l'Angleterre ne lui
ferait pas la guerre, du moins pour Bordeaux ;

& que d'ailleurs il n'eſt pas de la dignité d'un Roi de ſe battre, pour conſerver le droit de fournir les tavernes de Londres de vin de Bordeaux excluſivement à tout autre.

Je compte bien qu'on ferait prendre au donneur d'avis de forts conſommés & quelques douches. Cependant le projet d'abandonner les Colonies, comme occaſion fréquente de guerre, eſt à peu près de la même eſpèce, & peut être regardé comme la préface de l'autre.

« Que ſerait-ce », dites-vous enſuite avec exclamation, « ſi l'on éxaminait l'influence des Co- » lonies ſur l'Europe du côté moral & du côté » phyſique ; ſi l'on calculait ce que coûtent aux » mœurs, à la population, à la nobleſſe même » de notre race ces terribles propriétés ; com- » bien de vices nous ſont venus des Iſles avec » les tréſors que nous en arrachons : combien la » richeſſe y eſt ſcandaleuſe, & la pauvreté ou » mépriſable ou infortunée ; combien de géné- » rations s'y ſont englouties, s'y engloutiſſent » tous les jours, ſoit par les excès de l'opulence, » ſoit par le déſeſpoir de la misère » !

Vous avez fait-là, Monſieur, le portrait de quelque grande ville d'Europe, & point du tout celui des Colonies, ſoyez-en ſûr : du côté des vices, l'Europe depuis long-tems n'a plus rien à aprendre, & je vous défierais d'en nommer un feul, moral s'entend, qui ne foit né dans fon fein.

La richeffe peut être fcandaleufe aux Ifles, mais moins encore qu'à Paris, à Londres, à Amfterdam. La pauvreté, du moins, fi par ce mot vous entendez la mendicité, y eft très-peu connue.

Vous parlez des excès de l'opulence ! Rendez plus de juftice à votre Europe : dès que chez nous l'opulence eft parvenue au point de fe livrer à des excès, c'eft chez vous qu'elle accourt les comettre, & cette préférence eft bien due au cercle de jouiffances de toute efpèce, dont tant de corrupteurs avides favent enchaî-ner adroitement le riche étranger qui fe pré-fente dans vos capitales d'Europe.

Vous parlez du défefpoir de la mifère ! Ce n'eft pas chez nous que l'on voit à chaque coin de rue des bouches affamées, vomiffant des im-précations contre le riche qui ne les écoute pas ; des traits flétris par le befoin ; des yeux cavés par les larmes qu'arrachent en fecret une obfcure indigence ; des figures hâves & deffé-chées, couvertes de haillons & formant le con-trafte le plus cruel avec l'élégance d'une fille entretenue, qui, du fond de fon char brillant, n'apperçoit pas fon égal, fon parent, fon pere même, que fa roue vient d'éclabouffer, ou d'écrafer peut-être.

C'eft fur-tout dans les Ifles Françaifes que la pauvreté eft plus rare parmi les Blancs. L'hofpitalité y eft exercée avec une générofité qui a droit de furprendre tout Parifien qui veut bien fe fouvenir qu'on vend dans fa patrie jufqu'à l'air qu'on y refpire. C'eft dans ces Colonies, & non dans vos campagnes d'Europe, que l'on a vu des particuliers fans induftrie, fans revenu, éxifter des années entières fans moyens vils, fans baffeffe & fans dettes ; voyageant de quartier en quartier aux frais des Habitans , accueillis par-tout avec honnêteté , même quelquefois avec empreffement, & regrettés à leur départ pour peu qu'ils euffent des qualités fociables. La Martinique, la Guadeloupe & la Grenade en ont fourni mille éxemples. Saint-Domingue s'eft toujours montré plus difficile fur l'accueil qu'il fait aux Etrangers ; comme il eft beaucoup plus grand, trop de facilité entraînerait des abus de plus d'une forte.

Vous nous reprochez enfuite, Monfieur, que le feul mélange de couleurs eft chez nous une fource de défordres & d'ignominie. Cela fût-il vrai, ce que vous ajoutez ne le ferait pas : *Les deux races s'aviliffent également quand elles s'ifolent & quand elles fe mêlent.* Cette dernière phrafe renferme une contradiction évidente

Si un Blanc, ou fcrupuleux, ou délicat dans

ſes plaiſirs, ne ſe livre qu'aux careſſes d'une femme blanche, aſſurément il eſt difficile de comprendre comment il s'avilit; & il en eſt pluſieurs, de ceux ſur-tout qui ont été élevés en Europe, pour qui des charmes, tels arrondis qu'ils puiſſent être, reſtent ſans attrait dès qu'ils ſont couverts d'une peau rembrunie, & qui ne voient aucunes grâces errantes ſur des fronts obombrés d'une chevelure lanugineuſe.

Cependant les goûts de ceux qui ne ſont pas ſans deſirs à l'aſpect d'une jeune négreſſe, pourraient ſe juſtifier par pluſieurs bons éxemples. Horace, qui aſſurément s'y connaiſſait, vante dans une certaine ode le ſein couleur de jais de ſa bien-aimée. Jugurtha & Maſſiniſſe ont ſéduit des Romains par les careſſes de quelques Africaines, & du commerce de ces Italiens il naiſſait certainement des êtres baſanés. Faut-il donc appeller cela, avec vous, *une véritable beſtialité que la Nature punit par le ſceau inſſaçable dont elle en marque les fruits?*

Il n'appartenait qu'à vous, Monſieur, de prétendre que la couleur d'un mulâtre fût la marque de la réprobation de la Nature qui déſavouait l'ouvrage auquel on l'avait forcée. Cette idée, tout à fait neuve, n'a malheureuſement pas la plus légère apparence de juſteſſe; car enfin, ſi le mulâtre eſt moins blanc que ſon père,

& que ce soit-là la punition du commerce qui l'a produit, il est en revanche plus blanc que sa mère, ce qui, en raisonnant comme vous, en serait une récompense.

Au reste, je ne vois pas pourquoi vous feriez un grand crime de ce commerce furtif où l'éfervescence des sens excités par un climat brûlant, sollicités par l'occasion toujours prochaine, entraîne une jeunesse ardente, qui ne doit pas être plus avilie en Amérique par ses plaisirs clandestins, que le fils d'un homme de qualité d'Europe ne l'est à Paris ou à Londres pour avoir eu pour maîtresses des filles de basse extraction. Il n'est permis personne de lever indiscrètement le voile que je mets sur mes faiblesses. Mais c'est lorsque j'ose, aux yeux du public, donner mon nom & mon rang à une femme, qu'alors je l'expose à son éxamen, & qu'alors je dois avoir soin que le choix de cette compagne ne puisse pas m'être reproché : entre époux, gloire, plaisirs & biens, tout est commun. Mais dans un commerce illicite & secret proscrit par la loi, & , je n'ose dire, nécessité par la nature, le lit seul fait la société ; hors de là, les deux êtres qui s'étaient unis, rentrent chacun dans le monde selon le rang qu'ils y occupaient auparavant que le plaisir les eût appellés l'un vers l'autre.

En un mot, en Amérique comme en France,

la conjonction de deux êtres, non avouée par la loi, est une faute contre un précepte sacré que j'admire & respecte; elle est, si vous voulez, libertinage & débauche, mais elle n'est point *ignominie*, comme vous la nommez durement. Le concubinage est défendu, je le sais, mais il n'est pas plus criminel pour être blanc, jaune ou noir; & quant à moi, entre ces trois sortes de péchés, je n'y vois de différence réelle que celle que le plaisir y peut mettre : j'en connais qui font de vraies pénitences.

Laissez donc-là, Monsieur, toutes ces inculpations peu justes, & croyez que la noblesse de la race Européenne se conserve dans toute son intégrité, sur-tout aux Isles Françaises. L'honneur, ce soutien, cette âme de la Nation, guide également en Amérique tous ceux qui en font partie; sa voix a proscrit les alliances dégradantes : elles les poursuit rigoureusement même au-delà des degrés où la couleur de la peau désigne encore imperceptiblement la souche avilie par l'esclavage, & les Français ont en Amérique l'avantage de donner aux autres Nations l'exemple de la délicatesse dans leurs alliances.

Ainsi, Monsieur, vous me permettrez de conclure de tout ce que je viens de vous exposer, que, pour un politique, la propriété des Isles est un grand avantage; pour un moraliste, c'est une chose indifférente.

§. III.

Vous assurez, Monsieur, *que la propriété que se réservent les Métropoles sur les Colonies, en est la ruine.* Et pour le prouver, vous faites le portrait des véxations qu'elles en essuient en tems de paix, & de l'état cruel où les réduisent leurs guerres.

J'ai beaucoup de choses à vous dire sur la manière dont vous présentez les Colonies comme sacrifiées à l'avidité de la Métropole en tems de paix : c'est une erreur (quant aux Françaises, les seules dont j'entends m'occuper dans cette lettre), que vous partagez avec quelques autres Ecrivains, & dont je vais chercher à vous détromper, en vous donnant du commerce des Isles une idée plus juste qu'il me paraît que vous ne l'avez conçue.

En tems de paix, la livre de pain y vaut cinq sols argent de France. Le prix ne varie point, mais seulement le poids, qui, dans les momens de disette occasionnée par le retard des navires d'Europe, est réduit à douze onces ; il est ordinairement de quatorze, & je l'ai vu de seize. Observez, qu'il n'y a qu'une seule qualité de pain qui est tout de fine-fleur de froment ; enforte que le pain le plus blanc qui se mange à Paris, égale à peine celui-là.

Le vin de Bordeaux, vieux d'un an, & bien supérieur, quand il a passé la mer, à celui que l'on consomme dans les meilleures maisons de Paris, revient au prix moyen de 13 à 14 sols la bouteille, & celui de Provence à sept.

Les autres denrées comestibles offrent des gains un peu plus forts à ceux qui les détaillent. Les toiles & marchandises séches donnent des bénéfices plus considérables.

Il est dans l'esprit du commerce de ne gagner que sur ses aports : il achette les denrées du pays à peu près au prix qu'il les vend dans les ports où il les aporte d'abord ; enforte qu'un Négociant se trouve heureux lorsqu'il ne perd pas sur ses retours, déduction faite du fret & autres frais. Ainsi vous voyez que l'avidité ne nous égorge pas au point que vous vous l'é-tiez imaginé.

Vous parlez de *l'obligation où nous sommes de tirer de là Métropole & les amusemens du luxe & les ressources de la nécessité.*

Il faut bien que nous tirions d'Europe la farine & le vin, puisque nos climats ne pro-duisent ni ne peuvent produire de bled, & que le jus du raisin y est sans fermenta-tion. Et, qu'abstraction faite de ces deux cau-ses naturelles, il en ferait encore une autre qui nous empêcherait de nous adonner à ces cultures. Nos terreins font trop précieux & trop lucrativement employés pour jamais les métamorphofer en champs de blé ou clos de vignes. Le même efpace qui, planté en cannes de fucre, apporte à fon propriétaire quinze ou vingt mille livres, donnerait à peine cent écus s'il était femé en froment ou planté de feps. Ainfi ne vous élevez plus contre l'obligation où nous fommes de tirer de la Métropole les denréës les plus néceffaires, la caufe en eft avantageufe.

Quant aux amufemens du luxe, ceci eft très-inéxact. Nous ne fommes de ce côté-là néceffités à rien : il y a beaucoup de marchandes de modes établies aux Colonies, qui ont l'imagination prefque auffi fertile que la dame Saint - Quentin, combinatrice infatigable de toutes les formes de chapéaux poffibles, à l'ufage du beau-féxe.

Prefque tous les arts & métiers font établis dans les principales villes des Colonies, & cela fans payer de maîtrife, fans connaître de corporations & toutes les entraves qui, ailleurs, tracaffent un peu l'induftrie. On eft tailleur, cordonnier, orfévre, horloger quand on veut, fans avoir befoin du confentement de perfonne que de fes pratiques, & celles-là dépendent du talent. Nous n'avons cependant pas de manufactures de toiles, ni d'étoffes de laines ou de

foie, parce que les matières premières nous manquent, & qu'il vaut mieux les aporter mifes en
œuvre, que dans leur état primitif où elles tien-
draient plus de volume, & enfuite offriraient du
déchet, ce qui, par conféquent, en augmenterait
le prix en raifon du fret qu'elles auraient fu-
porté.

Rectifiez auffi, Monfieur, vos idées fur le
compte des Chefs de l'adminiftration : ils nous
défolent moins que vous ne penfez. Il y a des
abus, fans doute, dans notre régie ; mais quel
pays n'en ofre pas dans la fienne ? Et à moins que
vous ne vouliez que nous éxiftions fans chefs
& fans loix, ceux que nous choifirions entre
nous, celles que nous ferions, feraient fufceptibles des mêmes vices. Faut-il donc vivre fans
tribunaux, parce qu'ils fe trompent quelquefois
dans leur juftice difpenfatrice ? Faut-il ne re-
connaître aucune autorité, parce que les dépo-
fitaires en abufent ? Non, fans doute, l'anarchie
eft le pire de tous les états.

D'ailleurs, les abus ne font pas auffi com-
muns que vous le penfez. Le colon, loin d'être,
comme vous dites, *dans l'ordre focial au dernier
rang où le mépris d'un homme puiffe en réduire un
autre*, eft, au contraire, s'il ne doit rien, l'être
le plus indépendant, & le moins affujetti à des
devoirs fatiguans.

Si vous avez mal repréſenté l'état des Colonies en tems de paix, du moins en peignez-vous
d'une manière aſſez reſſemblante la ſituation
extrême pendant la guerre. Mais en déplorant
cette ſituation malheureuſe, au lieu d'en tirer la
même conſéquence que vous, cherchons plutôt
à l'adoucir, en les aproviſionant & les proté-
geant par des eſcadres, ſeul genre de fortifications efficaces pour ces ſortes de poſſeſſions. On
peut même raiſonnablement propoſer que la
France ouvre leurs ports à tous les pavillons
neutres pour y aporter des vivres & en ex-
porter les denrées; permiſſion déjà donnée au
commencement de la guerre, & que firent retirer les réclamations du commerce de Bordeaux
qui promit plus qu'il n'a tenu.

Je n'annoterai point ici votre petite excurſion
ſur un grand homme, mais il me ſemble que vous
devez avoir eu quelque peine à tracer cette phra-
ſe, *cet homme qui a acquis par des erreurs audacieu-
ſement & emphatiquement haſardées plus de renommée
que ne lui en auraient donné des vérités, le P. de
Monteſquieu...* Il y a là de certains raports avec un
autre nom plus moderne qui m'avaient d'abord
fait croire que ce ne ſerait pas l'auteur de l'Eſprit
des loix dont vous alliez parler immédiatement.

Il eſt vrai que c'eût été de votre part un grand
excès de franchiſe; mais n'en diſons pas davantage
ſur ce point, & paſſons au paragraphe ſuivant.

§. I V.

Que l'afranchissement des Colonies ferait l'opéra-
tion la plus avantageuse pour elles & pour
l'Europe.

Il ferait long & ennuyeux de vous fuivre pas à pas dans tous les raifonnemens que vous faites pour prouver cette propofition. Vous êtes trop bon logicien pour n'en avoir pas fenti le premier tous les défauts. Par éxemple, vous dites à une page, *ce ferait un grand fujet de guerre de moins*, & vous convenez à une autre que la Puiffance qui afranchirait la première fes Colonies, ferait obligée de fe réferver *le droit & la gloire de les protéger*, contre celles qui voudraient les envahir.

Mais, Monfieur, comment protéger contre du canon, fi ce n'eft avec du canon? Comment défendre d'une invafion, fi ce n'eft avec une garnifon? Voilà donc encore la guerre dans ces contrées, même par l'effet de votre fyftême.

Vous infinuez que les Colonies pourraient repouffer par elles-mêmes des ennemis injuftes; & c'eft fans doute cette idée que vous avez prife de leurs forces, qui vous a conduit à vouloir leur faire un don que vous fuppofiez qu'elles feraient en état de garder. Permettez-moi d'effayer de vous la faire perdre, puifqu'elle vous a entraîné dans de fauſſes conſéquences.

Je vais entrer dans un petit détail qui vous fera ſentir combien vous vous êtes mépris.

Il ne faut pas regarder ſous un ſeul & même aſpect toutes les Colonies d'Amérique ; elles ſe diſtinguent en Colonies de forces, & en Colonies de richeſſes. Celles du continent où l'on recueille du blé, ſont les Colonies de force ; celles des Iſles où l'on recueille du ſucre, ſont les Colonies de richeſſes. Les premières pourraient d'autant mieux accepter le bienfait de la liberté, que nous les voyons aujourd'hui le demander impérieuſement à leur Métropole, qui ſent bien, comme vous, qu'il ferait de leur avantage de le leur accorder, mais qui croit qu'il eſt du ſien de le leur refuſer. Une population très-nombreuſe & l'identité de leurs productions avec celles de leur Métropole, font que les Colonies du continent du nord de l'Amérique, peuvent n'avoir plus que des relations libres & indépendantes avec l'Angleterre, & ſi le Canada & l'Acadie apartenaient encore à la France, elles pourraient auſſi demander cet afranchiſſement, inévitable un jour, mais peut-être auſſi dangereux pour l'un & l'autre hémiſphère.

Mais les Colonies des Iſles ont une trop faible population pour pouvoir éxiſter un inſtant ſans

aucune protection étrangère. Saint-Domingue,
la plus confidérable de toutes, foit Françaife, Ef-
pagnole, Anglaife, &c. ne peut compter que qua-
rante mille blancs femés fur cent quatre - vingt
lieues de côtes. La Martinique n'en a pas douze
mille. Quelle réfiftance pourraient - elles donc
oppofer par elles-mêmes à la Puiffance ambi-
tieufe qui voudrait s'en emparer ?

Ce ferait vraiment une perfpective bien fé-
duifante pour toutes les Ifles de l'Amérique que
cet afranchiffement, s'il devait en effet les ren-
dre des peuplades ocupées uniquement aux travaux paifibles de l'Agriculture, voyant arriver
chez elles toutes les Nations de l'Europe en
concurrence, qui s'empreffeSraient de leur fournir tous les objets de leurs befoins & d'acheter
toutes leurs productions, fans que ces fortunés
colons fuffent tenus dans leurs marchés à d'autres préférences que celles qui feraient dictées par
leur intérêt. Libres de toute impulfion étrangère,
de toute inquiétude, n'ayant d'autre foin que
celui de fatiguer le fein d'une terre féconde qui,
par fes riches moiffons, mettrait à leurs pieds
le refte de l'Univers, les habitans de ces terres
privilégiées pourraient fe regarder comme les
plus heureux des mortels.

Mais malheureufement tout ceci n'eft qu'une
chimère impoffible à réalifer ; & c'eft précifé-
ment

ment le contraire de ce tableau qui réfulterait de l'afranchiffement.

Le pavillon à l'ombre duquel elles croiffent & cultivent actuellement, étant une fois abattu, je les vois de toutes parts ouvertes au premier occupant. Il eft encore un autre danger ; fuppofons que ce fût Saint-Domingue qui recevrait le premier le préfent funefte & illufoire que vous demandez pour lui, j'en vois les triftes habitans trop faibles par eux-mêmes, & reftés fans défenfe, livrés à tout ce que la cupidité de toutes les Nations pourrait éxercer de plus défaftreux. Au lieu de voir dans leurs ports dix pavillons fe difputer à qui achéterait d'eux le plus cher & leur vendrait à meilleur marché, je vois dans toutes les anfes, dans toutes les baies de cette Colonie, des corfaires acharnés, préférant voler ce qu'on voulait leur vendre, fe ruer fur chaque habitation, rançonner chaque propriétaire, enlever fes meubles les plus précieux, fon argent, fes efclaves même, qu'en changeant de pavillon, s'ils voulaient fe donner la peine de mafquer leurs pirateries, ils iraient vendre dans quelqu'autre endroit.

Qui pourra prévenir ou venger ces calamités ? feront-ce les habitans ? Mais dès-lors que vous les fuppofez occupés à leur confervation, à la défenfe de leurs biens, vous les détournez

du foin de leurs manufactures ; & fi vous en
faites des guerriers, vous n'aurez plus de cultivateurs. Lorfqu'on tient l'épée d'une main & la
béche de l'autre, on fe fert mal de toutes les deux.
D'ailleurs ce ne fera plus que des peuplades har-
celées à chaque inftant, vendant aujourd'hui au
plus vil prix une moiffon qu'elles craindront
qu'on ne leur enleve demain ; & ce tableau des
effets de l'afranchiffement des Colonies eft tracé
d'après les paffions qui meuvent les hommes,
l'avidité & l'injuftice ; il doit être plus vrai que
celui du bonheur & de la richeffe que vous ne
pouvez promettre que d'après leur modération,
leur équité, & des calculs qui ne retiennent
ni les grands conquérans, ni les petits dépréda-
teurs.

J'affirme donc que l'afranchiffement des Colonies à fucre ferait l'opération la plus illufoire &
la plus défavantageufe pour elles, en la fuppofant praticable, ce que je fuis bien éloigné de
croire. Il refte à éxaminer fi vous avez eu plus
de raifon d'avancer qu'elle feroit avantageufe
pour l'Europe.

Vous demandez fi c'eft la France à qui cette
révolution doit infpirer quelqu'éfroi ? & pour la
raffurer vous lui promettez toujours la fupériorité dans les ventes qu'elle fera dans les Ifles.

Je craindrais bien encore que l'évènement ne

vînt vous contredire. Sans vouloir décider fi réellement la France a une fupériorité inconteftable en tout genre d'induftrie ; fans vouloir vous objecter qu'elle tire elle-même des autres Nations une partie des objets qu'elle aporte aux Ifles, & que ces mêmes Nations-là y aporteraient directement de chez elles à meilleur compte lorfqu'elles en auraient la permiffion ; je vous prie de faire attention que l'aune de toile à parité de qualité & de prix, en Irlande & en Bretagne, peut être donnée en Amérique à un dixième & plus encore, de meilleur marché, par les Anglais ou les Hollandais , parce que le fret qu'elle fupporte eft inférieur chez eux.

La France ne tranfporte qu'à grands frais ; l'Angleterre en fait moins , la Hollande beaucoup moins , & de-là vous pouvez prévoir que la rivalité ne ferait pas à l'avantage de la première fur beaucoup d'objets.

Quant à l'exportation des denrées des Colonies , la France foufrirait encore fur cet article une diminution très - préjudiciable ; vendant moins, elle acheterait moins ; c'eft une conféquence inévitable. En outre le nord de l'Europe aportant auffi fes cargaifons , remporterait en échange les fucres & cafés néceffaires à fa confommation , & la France qui actuellement fait feule plus de fucre que toutes les autres Nations

enſemble, ſe verrait réduite à borner ſes extrac=
tions à ſa ſeule conſommation, elle occuperait
donc moins de vaiſſeaux à ce commerce ; or,
eſt-il très-avantageux à la France de diminuer ſa
marine ? Il vous prendra peut-être quelque jour
fantaiſie de nous le perſuader.

Vous nous aſſurez que l'Eſpagne n'aurait pas
à redouter cette révolution, parce qu'elle n'eſt
que *la géolière de ſes colons*, & qu'il lui importe
fort peu que le prix des dentelles & étoffes
tombent à Lima. Je ne m'aviſerai pas de diſcuter
ici les intérêts de l'Eſpagne ; le genre de ſon
commerce avec ſes Colonies ne m'eſt point aſſez
particulièrement connu : mais autant que j'ai pu
l'entrevoir, autant que je puis l'inférer de ſes
ordres ſévères contre la contrebande, elle craint
& doit craindre plus qu'aucune autre Puiſſance,
la concurrence dans les achats ou ventes.

Vous terminez ce paragraphe en diſant que
l'Angleterre pourrait s'inquiéter de cette révolution ; mais, Monſieur, de grace, expliquez-moi
comment l'Angleterre qui fait préciſément avec
ſes Iſles le même commerce actif & paſſif que la
France, doit s'inquiéter d'une choſe que vous
aſſurez en même tems que la France devrait voir
ſans inquiétude. C'eſt encore là une inconcevable
contradiction.

§. V.

Que l'afranchissement de l'Amérique pourrait servir à libérer l'Europe d'une portion considérable de ses dettes.

Vous commencez , Monsieur , par prouver qu'il faudrait nous vendre la liberté , & cela n'était pas difficile ; mais il reste à savoir si les Colonies voudraient l'acheter ; & je puis vous certifier que non. Elles desireraient toutes la liberté de commerce dans leurs ports , mais soyez persuadé que s'il fallait seulement doubler l'impôt actuel pour l'obtenir , elles le refuseraient, & avec juste raison : la diférence en plus dans la vente de leurs productions , & en moins dans les achats de leurs besoins , ne s'élèverait pas à ce renflement : qué serait-ce si vous leur proposiez une répartition du capital des dettes de la Métropole ?

Les contributions pécuniaires sont absolument contraires à la splendeur des Colonies : il n'y a que les plus faux de tous les principes qui puissent engager à les multiplier. Un fisc qui chercherait à s'enrichir de l'or qu'il tirerait d'une Colonie , l'aurait bientôt stérilisée. Tous les Gouvernemens l'ont senti ; il n'en est point qui demande à ces sortes de possessions un versement de fonds qu'elles em-

ploient toujours beaucoup mieux à leur accroif-
fance.

Vous nous affurez auffi que les créanciers des
Etats de l'Europe auraient un vif empreffement à
changer leurs papiers Royaux contre des coupons
Américains, *préférant à la caducité effrayante de
l'ancien monde, la jeuneffe brillante du nouveau pour
lui confier fes fonds.* Voilà certainement une très-
jolie phrafe, mais malgré cela je me figure qu'il y
aurait très-peu de perfonnes qui vouluffent donner un contrat fur l'Hôtel-de-Ville de Paris, pour
un autre fur le tréfor de Saint-Domingue, quelque libre & indépendante que fût devenue cette
Colonie.

Vous dites qu'il y aurait un double arrange-
ment à faire, l'un avec le corps de l'Etat, l'autre
avec les particuliers ; & par ce dernier vous entendez la vente de tous les terreins vagues &
non habités, & vous croyez que beaucoup de
capitaliftes Européens feraient jaloux d'acquérir
des établiffemens dans ces contrées réhabilitées.

Répondons à cela par les faits.

Dans les Ifles Françaifes prefque tous les terreins fufceptibles de culture font actuellement
concédés. Il ne refte plus que ceux fitués dans
des vallées impénétrables, ou fur la cime des
montagnes ; à la Martinique & à la Guadeloupe
tout ce qui a offert une exploitation avantageufe a été travaillé par la main de l'homme.

Saint-Domingue peut offrir encore dans beaucoup d'endroits un sol vierge ; mais l'éloigne-
ment de la mer , la difficulté des routes à travers
des falaises profondes ou des côteaux à pic , a
jusqu'ici rendu impuissans les desirs de la cupidité
qui s'est vu forcée à laisser ces terreins incultes.
L'Angleterre a fait de grandes erreurs sur les terres de la Dominique , qu'elle n'a pu féconder
même à force d'or , à cause des mornes multi-
pliés & à pic qui hachent sa surface , & devien-
nent stériles après trois ou quatre récoltes. Son
exemple n'est pas séduisant ; ainsi vous voyez ,
Monsieur , que les avantages que vous voudriez
faire dériver de l'afranchissement proposé , font
aussi chimériques que l'afranchissement même.

§. V I.

*Que ce qui a été dit ci-dessus doit regarder le con-
tinent de l'Amérique autant que les Isles.*

Je suis enchanté, Monsieur , de me trouver
au moins une fois d'accord avec vous. J'y serais
presque par-tout si vous vouliez convenir que
tout ce que vous avez dit ci-dessus ne doit regarder que le continent de l'Amérique Anglaise ;
& c'est en effet à l'Angleterre seule à qui vous
auriez pu entreprendre de persuader par des raisonnemens, ce dont la France & le Congrès voudraient bien la convaincre à coups de canon.

§. V I I.

De l'état où se trouverait l'Europe après cette grande révolution.

LE réfultat de tout ce que vous dites à ce fujet eft que cette époque ferait pour l'Europe celle d'un calme que rien, ou prefque rien , fi elle le voulait , ne pourrait troubler , & celle de plufieurs réformes que les Gouvernemens auraient alors le tems d'opérer comme ayant moins d'embarras.

Pour le calme dont vous parlez , j'ai déjà , je crois , fuffifamment prouvé qu'il n'en réfulterait vraifemblablement aucun , & que la France & l'Angleterre s'étant battues avant les Colonies, fe battraient bien après. Pour les réformes que les Gouvernemens moins occupés pourraient alors effectuer , je n'ai rien à dire à cela , mais j'ai affez bonne opinion des Cabinets de l'Europe pour les croire en état de fuffire à toute la befogne , fans qu'il faille faire de retranchement dans les objets de leur politique.

§. V I I I.

Influence qu'aurait l'afranchiffement des Colonies fur le prix du fucre & des autres denrées qu'elles fourniffent.

AH ! Monfieur , avec quelle étonnante prodi-

galité vous avez femé ce paragraphe d'erreurs &
de fuppofitions ! Elles fe font gliffées prefqu'à
chaque trait de votre plume. Vous dites que vous
ne cherchez point à affaiblir les objections qu'on
peut vous faire. Je le crois bien : quand on y ré-
pond comme vous on n'en doit craindre aucune.
Votre imagination vous fert à merveille, lorfque les faits vous contredifent : vous ne nous
préfentez pas les chofes comme elles font, mais
comme il vous convient de les voir, & par ce
petit moyen vous n'êtes jamais embarraffé.

Par éxemple, pour répondre à l'objection
que vous vous êtes faite vous même, vous n'avez
rien trouvé de plus fimple que de renverfer
toutes les idées reçues fur la culture des Ifles.
Vous nous avez affurés que ç'était par préjugé
qu'on la regardait comme difpendieufe, deman-
dant des fonds confidérables & de grandes ref-
fources. Enfuite vous nous avez fait une petite
comparaifon du fuc de la canne & du jus de la
vigne, que vous avez forcés de fe reffembler, en
dépit de la nature qui n'a gueres mis d'homogé-
néité entre un fel & du vin ; en dépit de l'art
qui n'a mis aucune fimilitude entre la cryftalli-
fation très-difficile de l'un, & l'entonage très-
fimple de l'autre. Mais vous avez arrangé tout
cela comme il vous convenait ; vous avez même
prétendu que l'on faifait également bouillir le

fuc de la canne & celui du raifin, confondant fous le mot bouillir, & la cuiffon du fucre obtenue par le feu le plus violent, & la fermentation du vin nouveau, obfervant pour feule différence que celui-ci refte fluide & que l'autre fe durcit. Enfuite vous nous dites que *certainement il eft abfurde d'imaginer que ce que l'on fait pour l'un avec un petit attelier, un petit preffoir, un petit nombre de tonneaux, on ne le ferait pas de même pour l'autre, avec des dimenfions également réduites.*

Eh bien ! Monfieur, malgré l'anathême d'abfurdité que vous lancez contre cette manière de penfer, je vous déclare moi, que c'eft la mienne & celle de tous ceux qui ont vu exploiter les Colonies, & je vais vous la juftifier d'une manière fans réplique ; c'eft en expofant un peu plus fidellement que vous ne l'avez fait, les procedés néceffaires à fuivre dans la culture du fucre.

Je plante un champ de cannes à fucre : pendant huit mois je le farcle fouvent à caufe des mauvaifes herbes que la nature, très-active dans ces climats, fait repouffer fans ceffe, jufqu'à ce que la grandeur du rofeau les étouffe en les dominant. Au bout de quinze ou dix-huit mois ma récolte étant à maturité, je me décide à la couper ; jufques-là le champ a pu être plus ou

moins grand , & l'attelier plus ou moins nom-
breux. Mais ce qui me reſte à faire auparavant
que de pouvoir vendre une livre de ſucre , né-
ceſſite des dépenſes qui ne peuvent ſuporter de
réductions.

Il me faut un moulin pour preſſer le roſeau
que je viens de couper. Eſt-il tiré par des mulets ?
il me reviendra au moins à 12 mille livres , ſans
compter le prix des attelages qui doivent le faire
mouvoir. Eſt-il à eau ? il me reviendra à 50
mille livres , ſans compter un canal ſouvent très-
long , que j'aurai creuſé avec des frais immenſes.

Le ſuc exprimé de la canne s'aigrit bientôt
& n'eſt plus propre qu'à jetter , ſi je ne le réduis
en ſyrop par l'action du feu. Il me faut quatre
ou cinq chaudières montées à côté les unes des
autres ſur des fourneaux qui leur communiquent
des feux gradués. Il n'eſt pas un pot de ſyrop
qui ne ſoit obligé de paſſer par ces cinq feux
différens avant de parvenir à ſon véritable
degré de cuiſſon. Cet équipage de chaudières ,
avec le prix de la main-d'œuvre qui les place ,
va au moins à mille écus. Le bâtiment où ſe
cuit le ſucre , celui où on le met dans les vaſes
coniques où il ſe cryſtalliſe & s'épure , coûtent
au moins cinquante autres mille livres ; & cependant , Monſieur , vous avez avancé que vos preſ-
ſoirs n'étaient pas moins diſpendieux , & que

l'exploitation d'une vigne ou d'une piéce de cannes pouvaient s'affimiler.

Actuellement que vous venez de voir combien il m'en avait coûté pour faire ma première livre de fucre, vous fentez, malgré vous, que je ne puis me metttre à couvert de tant de frais qu'en faifant une récolte un peu confidérable ; que fi je ne fais rouler mon moulin & chaufer mes chaudières qu'un mois fur douze, en voilà onze de perdus, & que l'établiffement de ma manufacture m'a coûté autant que fi je la faifais marcher toute l'année. D'après cette réfléxion, j'achette le plus de Negres poffible, pour planter le plus de cannes poffible dans le terrein qui m'apartient, & qui doit être de 150 à 200 arpens pour que les récoltes répondent à la conftruction & l'entretien des bâtimens & des machines.

Vous pourriez me répondre que la fubdivifion des terreins ne s'opoferait point à la fabrication des fucres ; qu'il eft vrai que chaque propriétaire d'un champ de cannes très-borné ne pourrait prétendre à avoir un moulin à lui feul & des chaudières ; mais qu'il y en aurait de bannaux de quartier en quartier, où chacun tour-à-tour pourrait faire fa récolte. Vous avez même gliffé cette idée dans votre paragraphe, & vous auriez pu citer l'éxemple de Malaga où l'on voit éparfes quelques cannes à fucre apartenant à plufieurs petits propriétaires qui les font paſſer aux moulins des Seigneurs dont ils relévent. Mais c'eſt préciſément ce qui va me ſervir à vous prouver que cette manutention ferait la perte des Iſles. C'eſt ce régime deſtructeur & contraire à toute eſpèce d'activité, qui a tenu juſqu'ici les plantations de Malaga dans un état de misère & de langueur bien différent de celui de nos habitations à ſucreries des Iſles, malgré que la nature ait ſemblé privilégier cette côte pour la culture du ſucre, car la canne y rend près de moitié plus que dans les plaines les plus fertiles du Cap ou du Port-au-Prince. Mais la ſubdiviſion des propriétés, que vous regardez comme le point de perfection des Colonies, fait que la maſſe des productions comparée aux terrreins, dans ce pays peu riche, n'a jamais pu s'élever dans la proportion d'un à cent, avec celles de nos Iſles.

J'eſpère que vous ne nous voulez pas aſſez de mal pour nous ſouhaiter une pareille réduction. Cependant votre idée de morceler les habitations l'opérerait bien vîte, ſur - tout ſi elle était ſecondée de celle que j'aperçois dans votre neuvième & dernier paragraphe.

§. I X.

Que la séparation des Colonies entraînerait l'extinc-
tion de la servitude des Nègres, du moins en
Amérique.

Au lieu de m'amuser à éxaminer si une chimère produirait tel ou tel effet, il me semble
plus utile, en laissant-là le sens de votre proposition, d'éxaminer si, l'afranchissement des Colonies à part, l'extinction de la servitude des
Nègres dans les Isles n'est pas encore plus vivement défendue par la politique, que sollicitée
par l'humanité, & si des cultivateurs libres &
blancs peuvent jamais dans aucun cas remplacer
aux Isles des cultivateurs noirs & esclaves.

Je suis charmé que vous me fournissiez l'occasion de traiter ces deux questions qui sont liées
l'une à l'autre, & de combattre certains préjugés
qu'il me parait que vous partagez avec beaucoup
d'autres Ecrivains, sur la manière dont nous
traitons nos Nègres.

Arraché à ma patrie avant de la connaître, je
retournai aux Isles à l'âge de dix-neuf ans, &
comme vous, & comme bien d'autres, je m'i-
maginais qu'il n'y avait rien de si malheureux
qu'un esclave ; rien de si dur qu'un maître. L'in-
fortune de l'un & la tyrannie de l'autre m'avaient
même été représentées sous des couleurs si fortes

que j'avais déjà fait une pièce de vers & un conte
où je croyais prouver affez paffablement qu'il
fallait afranchir tous les Nègres afin d'en être
mieux fervi.

J'arrivai dans ces difpofitions & avec une portion de fenfibilité qui , ce me femble, devait être
bien favorable à la caufe des enfans du Niger.
Combien douce fut ma furprife en ne trouvant
ni victimes , ni bourreaux ! Mais feulement des
atteliers foumis à une difcipline moins éxacte &
moins févère que celle des troupes , connaiffant
le repos , tranquilles fur les befoins de leur
éxiftence , travaillant fous l'infpection de ceux
d'entr'eux qui ont mérité le plus de confiance, &
enfin, dans leurs maladies , l'objet des foins d'un
maître que l'intérêt feul fuffit pour attendrir en
leur faveur. Je dirai plus , j'ai vu beaucoup de
Nègres , de ceux même attachés à la culture du
fol qui , fidelles à leurs devoirs , n'avaient
jamais effuyé le moindre châtiment, & menaient
une vie plus douce que celle de la plûpart des
payfans d'Europe.

Ces fouets terribles dont je croyais devoir
entendre fans ceffe les fiflemens , & que l'on
m'avait dit lacérer fouvent les efclaves au gré
des caprices d'un maître inhumain , je les ai vus
prefque toujours déployés avec regret , & rare-
ment avec injuftice.

On réclame bien haut contre le droit de vie &
de mort que nous nous arrogeons fur nos efclaves, mais cet abus eft prefque fans danger. Européens, qui criez fi fort à ce fujet, n'avez-vous
pas le même droit fur votre bœuf & fur votre
cheval ? Vous n'allez point cependant dans votre écurie, ou dans votre étable, tourmenter &
tuer ces animaux pour vos menus plaifirs ; du
moins ceux qui le feraient feraient regardés
comme des fous, & celui, parmi nous, qui
vexe injuftement fes Nègres eft généralement
haï dans la fociété.

Après avoir tâché de tranquillifer un peu votre follicitude fur le fort des efclaves, il me
fera, fans doute, plus aifé d'en venir à mon but,
qui eft de vous perfuader que l'efclavage des
noirs eft une combinaifon politique abfolument
néceffaire fi l'on veut conferver les Ifles à fucre
dans un état d'activité & de richeffes.

Oui, Monfieur, la date de leur afranchiffement ferait celle de la ruine de ces Colonies.
Plus de denrées à en retirer, plus de confommation à en attendre. Saint - Domingue contient
environ 300,000 noirs ; fuppofons publiée la
loi qui les afranchirait, & voyons quelles en
feraient les fuites. Cette multitude d'êtres fans
propriété ne chercherait qu'à vivre ; & vous
croyez que ce ferait en louant fes bras à ceux

qui

qui posséderaient les terres & les plantations ? Point du tout : la nature , dans nos climats , récompense le travail d'un seul jour de la semaine assez abondamment pour qu'il suffise à la nourriture du cultivateur pendant les cinq autres. De plus, les côtes de la mer offrent une ressource qui serait tentée par un grand nombre. Les propriétaires des terres sécheraient à côté de leurs touffes de cannes, sans plus trouver d'aides dans leurs travaux ; en outre une population de 300,000 hommes , libres dans leurs mouvemens & leurs desseins , aurait bien-tôt fatigué , oprimé , éteint peut-être celle de 41 mille , & Saint - Domingue redeviendrait enfin ce qu'il fut lorsque les Caraïbes l'habitaient.

Mais ceux qui desirent si indiscrètement l'afranchissement général des Nègres , ne manquent pas de dire , comme vous , que si l'on en cessait l'importation d'Afrique , cette race s'éteindrait peu à peu aux Colonies , & qu'il arriverait sans cesse d'Europe des journaliers qui , malgré les mortalités , peupleraient tous les atteliers.

C'est encore là une fausse spéculation. L'être le plus borné dans ses ressources qui passe en Amérique , n'y va pas dans la seule intention d'éxister , mais dans celle de s'enrichir. Il est souvent trompé ; mais s'il est réduit à louer son tems & son travail il le fait à un prix très-haut,

D

parce qu'il vife à de petites épargnes annuelles qui le mettent en état ou de repaffer en Europe, ou d'entreprendre quelque petit commerce.

Un bouvier blanc qui conduit ma charrue, me coûte par an cent piftoles de gages & cinq à fix cents livres de nourriture. Le nègre à qui je donnerai cet emploi, ne m'aura coûté de capital que deux mille cinq cents livres, & fa nourriture & fon entretien ne me reviendront pas par an à cent écus. Vous voyez que l'exploitation par des journaliftes blancs, ferait incomparablement plus difpendieufe que celle par des nègres. J'ajoute qu'élle ferait impoffible. La France, dans l'état actuel des chofes, ne foufre pas annuellement une émigration de plus de douze cents hommes pour toutes fes Ifles, & Saint-Domingue feul éxige une réparation, un remplacement de dix-huit mille cultivateurs par année : ferait-il d'une politique adroite de faire à la Métropole une faignée de cette force-là tous les ans, quand même vous la fuppoferiez poffible ?

Enfin pour abréger ; l'Africain élevé fous la zone torride, déjà fait au travail, frugal & robufte, femble l'être le plus propre à venir en Amérique travailler fous un climat plus doux que le fien, où il eft nourri d'alimens auxquels il fut accoutumé dès fon enfance : l'Européen,

au contraire, ne pourrait jamais cultiver jour-
nellement un fol qui le dévorerait, ayant à la
fois à combattre un climat terrible pour lui,
l'indigence, l'inquiétude & le dégoût d'alimens
avec lefquels il ne ferait pas familiarifé ; ou s'il
fallait le nourrir comme il le fut en Europe,
vous concevez que fon travail coûterait bien
plus qu'il ne produirait à l'habitant qui l'aurait
employé.

Et que l'on ne m'allègue pas ici l'éxemple des
Quakers de Philadelphie, qui s'avifèrent un jour
de donner la liberté à leurs Nègres. Ce fait tant
vanté en Europe, y a été fort mal connu ; ces
Meffieurs, & encore en très-petit nombre, pri-
rent cette réfolution dans un de ces momens où
leurs cerveaux éxaltés, font fufceptibles de toutes
fortes de folies. Leur éxemple ne fut même pas
fuivi de leurs frères, & quand il l'aurait été,
quand même il le ferait un jour de toute la Nou-
velle-Angleterre, cela ne prouverait abfolument
rien. Les Nègres font affez rares dans ces Colonies, dont le climat froid ne leur convient
point, & ce n'eft pas fur eux que roulent les
travaux de l'agriculture. C'eft, prefque par-tout,
fur des engagés d'Europe qui vendent leur tems
pendant un certain nombre d'années, à tel ou tel
propriétaire, & qui paient ainfi les frais de leurs
voyages d'Angleterre, d'Irlande ou d'Ecoffe, en
Amérique.

Ainſi , je verrais toutes les provinces confé-
dérées abroger la ſervitude des noirs dans l'éten-
due de leurs dominations , que je ſoutiendrais
toujours qu'il eſt impoſſible d'adopter un pareil
ſyſtême aux Iſles ſans les ſubvertir entièrement.

Je termine ici , Monſieur , une Epitre que
vous trouverez peut-être très-longue ; mais vos
cinquante-huit pages qui y ont donné lieu ne
ſont pas courtes , & j'aurais pu les doubler ſi
j'euſſe ſcrupuleuſement relevé tout ce qui m'y a
paru ſuſceptible de diſcuſſion ou de négative. Je
me flatte que vous excuſerez , en faveur de la
franchiſe , le ton peu moëlleux & le ſtyle peu
ſoigné d'un Américain qui n'a pu voir ſans hu-
meur que ſa patrie fût l'objet de ſpéculations
ſi bizarres.